바람의 얼룩

바람의 얼룩

박현태 시집

시인의 말

날마다
시놀이한다.

혹
눈 내리는 날엔
자박자박
밟히는 소리 좇아
동구 밖으로
홀연히 나가보면
바람 입에 묻어오는
봄 내를 만나기도 한다.

일상이 항심이라서
별 의미 두지 않는다.

차례

1부

달무리　013
포구의 밤　014
풍문　015
귀가　016
사찰 자장가　017
물자욱　018
눈 내리는 소리　019
가을 오시네　020
돌섬　021
한가로운 밤　022
개여울　023
헛소리　024
바람의 얼룩　025
빈 뜨락　026
녹슨 풍경　027
춘몽 속으로　028
구름꽃 피다　029
하현달　030
존재의 차이　031
봄 산에 갔더니　032
아침 강　033
지퍼　034
우리 집 현관　035
광장　036
비와 빵 그리고 술래잡기　037
마지막 잎새　040

2부
호수와 달 043
눈 오네 044
꽃씨를 거두며 045
휘파람이나 불자 046
여유 한 수 047
육친 048
애먼 소리 049
독방에서 꾸는 꿈 050
곁눈질하기 051
두루뭉수리하게 052
풀꽃이 053
동풍 소리 054
바닷가에서 055
산정에 우뚝하니 056
하산 길 057
빵 찌기 058
밤 건너뛰기 059
누에의 우화 060
알전구 전설 061
거미집 062
꽃 꿀맛 아시나요 063
낙엽을 쳐다보며 064
청춘이란 것이 065
봄내 나네 066
시장터 봄 길 067
얼어붙다 068
구절초 피는 샛길 069
무넘에 마름질하기 070

3부
쓸쓸한 계절 073
잔디밭에 쪼그리고 074
옹골차게 당한 날 075
권태 076
한숨 몰아쉬기 078
추억 앨범 079
슬픈 빗방울 080
강물도 고향 가네 081
가을에서 겨울로 082
바닷가 상사화 083
오늘은 파스텔톤 084
꽃봉오리 앞에 086
사랑타령 087
참회 088
허방질하기 089
정동진에서 090
나 홀로 야경 091
하안거 092
바람의 그늘 093
나란히 나란히 094
들찔레 피는 길 095
제비꽃 096
새까매지다 097
봄 098
황홀한 착시 099
하염없애기 100
오늘은 흐림 101
달콤한 아침 102

4부

하품 105
강이 있는 가을 밤 106
먼지 않는 맘 107
홍시 108
꽃가루받이 109
포구의 새벽 풍경 110
오월의 들녘 111
사소한 명상 112
다림질을 하면서 114
마라톤하는 날 116
봄이 그린 수채화 117
권태 속으로 118
얼굴 값 119
누가는 누구인가 120
양파의 이력서 121
지구의 끝 122
세월의 얼굴 123
노을녘에 124
걷어차고 싶네 125
보리밭 길 126
참회 127
적막 속으로 128
짜라 슈트라우스가 말했다 129
엄마야 누나야 130
먼 먼 먼 132
비雨가歌 134

1부

달무리

달무리졌다
은하수가 흐릿해졌다

어제 죽은 나비의 날개가
가 없는 하늘 길 나풀나풀
한가히 건너서 영원으로 간다.

고독이 휘적휘적
뒤따라 가고 있다.

포구의 밤

저물녘 기항한 목선 한 척
갯가에 머리를 디밀고 쉬이 잠든다

바다가 파도를 요람처럼 흔들어
피곤한 밤바다 찰랑찰랑 품어 재운다.

풍문

귀창을
빼꼼이
열어두리라

세상을
떠도는
풍문들
주전부리하리라.

귀가

노인의 저녁이 어슬렁인다

안을 게 없어 뒷짐을 지고
외출용 구두 반짝거리게 신고
싸리비처럼 비실비실 걷는데

이마에 닿은 하늘이
구부정하게 휘어지며 닿는다
코앞의 집이 천리 길이다

사는 게 인생
걷는 게 길이다.

사찰 자장가

대웅전 추녀
달빛이 풍경을 찝쩍인다

다달랑 다달랑
밤새 어루고 달랜다.

물자욱

찰랑찰랑 흐르는 냇물에
옹기종기 엎딘 징검돌
반질반질 빛나는 등짝을
매끌매끌 밟고 간 물자욱.

눈 내리는 소리

사각사각
누에들 뽕잎 갉아먹는 소리

폴락폴락
나비떼 나는 소리

사르락 사르락
갈댓잎 바람에 스치는 소리

폭신폭신 차곡차곡 찜 쪄 먹듯
품안에 자박자박 스며드는 소리

뽀도독뽀도독 즈려밟혀 쌓이듯
팔을 안고 뒤척이며 돌아누워도
살점 속을 파고드는 아련한 소리.

가을 오시네

싸리꽃
꽃대가리
화들짝
터지잖아

바람의
어깨가
물컹한
숲속을
치고 가잖아

지금은
잊어버릴 때야
여름의
추억들.

돌섬

몸은 물속에 담그고
모가지만 쏙 빼내 가쁜 숨을 쉬고 있다

생에 단 한 번도 시퍼런 바다 밖으로
알몸을 드러낸 적이 없다

풀 한 포기 돋지 않는 짱백이에
이따금 물새들이 똥 싸갈긴다.

한가로운 밤

자정이
비보호 좌회전을 한다

인생은 제각각
세월의 기관사다

나는 적막을 찍어
그저
시 한 줄 쓴다.

개여울

작은 소녀가 앙증맞게
뽀얀 두 발로 물장구를 칩니다
물도 즐거워
찰바닥 찰바닥
소리 나게 박수칩니다

멀리서 보는 파란 하늘이
심술이 나서
소나기 한 줄금 합니다
불어난 여울이
더욱 빠르게 줄행랑을 칩니다.

헛소리

웃음소리와
울음소리는
만국공통어다

영원보다
먼 건 없고
찰라보다
빠른 건 없다

간혹
그렇지
않을 때도 있다.

바람의 얼룩

일 마치고 목장갑을 툭툭 털자 바람의 얼룩들이 떨어진다
허리가 꼬부라진 보풀들이 탈탈 털리며 안간힘을 쓰는데
검지와 중지를 고추 세워 새치 뽑듯 죽을힘을 다한다
심심함 동무삼아 주말농장 한답시고 잡초를 뽑을 때마다
살아 있는 짐승의 새파란 귀때기처럼 쫑긋쫑긋 해쌓는다.

빈 뜨락

금 간 장독에
알리바이 따진다
비냐 눈이냐
바람 너냐
다들 고개를
외로 젓는다

독 안에 든 세월이
팔을 번쩍 들고
나요 나
하늘을 향해
배를 뒤집은 독 뚜껑이
깔깔거리며 웃어재낀다.

녹슨 풍경

기차 안 다니는 휑한 철길이
아무도 안 읽는 두 줄 시 같다

철거덕 철거덕 삐거덕 삐거덕
철지난 유행가처럼 일렁이고

어둠을 만나면 까맣게 먹칠하고
비가 내리면 냇물 닮아 졸졸인다

대각선으로 웅크린 헌집 한 채
30촉 희미한 전깃불에 서 있고

떠나가 버린 사랑의 흔적들을
세월도 외면한 채 서 있다.

춘몽 속으로

맥고모자 눌러 쓰고
봄 마중 나가는 길
산이 허리를 낮추고
강이 물길을 내어주네

바락바락 살아낸
그제 어제 오늘
플라스틱 지퍼로 잠그고
쾌청한 바람 싱그러운 봄
꽃에 유혹당해 놓친 길을
빙글빙글 실성한 듯 걷네.

구름꽃 피다

뭉게구름 한 덩이
두둥실 두둥실
목화꽃 피듯 한다

소나기 한 줄금 할라나
꾸물꾸물 흐려지는 하늘에
꿈틀꿈틀 기어가는 구름떼

시커메지며
위태위태 해쌓는
황홀한 운무.

하현달

소녀의
귀걸이 같네
간당간당해쌓는
외로움 같네

그믐의 코앞에서
조마조마 애태우는
외로움 같네

마음이
살살 미어져 내리는
그리움 같네.

존재의 차이

풀이
소 입에 들어가더니 우유로 나오네

똥이
채전밭에 뿌려지니 채소들이 싱싱하네

물이
제 몸을 사리지 않으니
천 길 낭떠러지 뛰어내려도 다치질 않네

삶이
제 품을 크게 내어주니 거룩해지네.

봄 산에 갔더니

입술을 삐죽거리며 퉁퉁 부어 있다
잔설 품은 가슴을 넌지시 조이며
왜 이제사 왔느냐 토라져 다그친다
손을 내밀어도 뻘쭘히 삐져 있다

할 말 못 하고 어쩔 줄 몰라 하자
삐약이 같은 연초록 잎새들
뾰족뾰족 입 벌려 웃는다.

아침 강

금빛
물비늘
반짝 반짝

여울
껴안은
물이랑들

몽환을
나르는
물새가

찍!
물똥 싸갈긴다.

지퍼

위에서 아래까지
정자체로
모세가 바다를 가르듯
쫘아악 열린다.

우리 집 현관

발자국이 쌓인다
10cm도 안 되는 문턱
납죽이 기다린다

나갈 때 마다 따라 나서는 먼지들
들어오는 열쇠 소리가
찰카닥 나면 잽싸게 몸을 일으켜
환한 불빛을 비추어 신발을 벗긴다

귀찮아하지 않았던 청소
바닥들을 살폈더니
실금들이 나 있다

한동안
신발 속 발을 빼지 못 하고
망년자실 서 있다.

광장

성난 군중들이 뱉은 고함들이 비되어 퍼붓는다

하늘에게도 다 못한 하소연들이 알돌처럼 쏟아진다

방울끼리도 섞이지 못해 댕글댕글 튀면서 굴러간다

한바탕 전투를 치룬 잔해들이 두둥두둥 떠내려간다

멋모르고 달려온 비바람이 후다닥 미끄러지곤 한다

비는 내리고 인간들의 멱살잡이는 여태 끝나지 않는다

넘치도록 고인 비바다에 둥실둥실 떠다니는 세상사.

비와 빵 그리고 술래잡기

빵을 구워서
배고픈 새들과 나눠 먹는데
비 온다
꿀잠 잔 아침
활개를 털어 기지개를 컨다

새초롬한 창 바깥
한갓진 동네
구석진 채마밭에서는
여름에 거두지 아니한 끝물 토마토가
얼어가고 있을지 모른다는
걱정도 해본다

인생을
새 옷처럼
갈아입고 싶다.

홀연히 사람의 숲에서 길을 잃는다
인간은 왜 사람답게 살아야만 하는가!

아직은 가을
난데없는
눈
눈

쌓이면 쌓일수록
죽자고 뛰어다니고 싶은 까마득한
풍경

세월의 걸음은
자연의 속도다

비몽사몽 고삐에 끌려가는 마소 같아서

시답잖은
사랑타령들만 부지기수다

오지랖 넓은
서사시로 끈적대지 말고
서정시 한 수로 짭짤하게 놀아보는 거

헛발질만 안하면 돼!

마지막 잎새

죄

떨어지고

달랑

한

닢

물음표로 달렸다

여차하면
그냥 그대로 몸을 날려
새되어 날라 한다.

2부

호수와 달

달이
계란 노른자 듯
호수 품에
동동 떴네

일다 말다
숨바꼭질하는
동그란 물비늘.

눈 오네

하얀 종소리 자박자박 오네

신발 끈 조이고 문을 나서네

종탑에 매달린 바람의 귓불

팔랑 팔랑 팔랑

빵집 앞을 지날 땐 구수하게 오네

구석진 골목길에는 빼빼하게 오네

빈 공원의자에는 방석이듯 오네

잰걸음 야속한 듯이 새초롬히 오네.

꽃씨를 거두며

꽃 진 대궁에
씨알 한 톨
탱글탱글 영글어
배고픈 새들
군것질되네요

가을이 막
강을 건너오는데

만지작 만지작 하는
애먼 바람에게
호통을 쳐보네요.

휘파람이나 불자

시간의 곡간이 비어 간다

빠듯해지지 않는 게 없다

숱 드문 정수리 훤해진다

바닥 친 기분이 좋아든다

울고 웃는 횟수 줄어든다

허욕이 드문드문해진다

그냥 휘파람이나 불자.

여유 한 수

하산 길
졸 졸 졸
따라오는
개울물 소리

환청이
솔 솔 솔
더부룩한 속을 뚫는다

바람에 물이 묻어 구름 되고
되로 주고 말로 받은 악담들
추잉검처럼 씹힌다

아득바득 나대봐야 뭐하노
맨 땅처럼 턱하니 퍼질러 살지!

육친

다 늙은 아버지를
중늙은 아들이 감싸 안듯 붙들고 간다
부축 받는 아버지의 몸이 마른 장작 같다
옹골지던 한 세월이 어떻게 썩어졌는지
겨드랑이에 전해오는 체온 허깨비 같다
아버지와 아들만큼 두툼한 관계는 없다
낙엽 떨어지는 쓸쓸함을 함께 부축하여
건성건성 걷는데 툭툭 빗방울 떨어진다
방울들을 밟는 발바닥에 미끄덕 미끄덕
살아온 인생의 애환을 나눠 밟는다.

애먼 소리

침묵도 말이라고
입 닫고 독방에 죽쳐봐라
건너 집 사람이 그리워진다

외짝 젓가락으론 집을 수 없다
푸석돌은 돌일지라도 불에 탄다
빗방울 하나에도 허리가 휘어진다

네 탓 내 탓 애먼 소리도
듣고 싶을 때 있다.

독방에서 꾸는 꿈

프루스트의 '가지 않는 길'을 간다
큰방 작은방 이 방 저 방 다 빈 방이다

좀 더디게 늙어가려고
책을 느리게 읽다가
나는 잠들고 티비 혼자 떠들어댄다

허송세월이 안타까운 게 아니고
핍박을 받게 하는 신세타령이 지겹다

하여지간
일어섰다 앉았다를
셀 수없이 거듭하며
눈에 묻힌 들풀처럼 초록을 꿈꾼다.

곁눈질하기

늦가을 열매들이 주렁주렁 젖 물듯 매달렸네

옴팡밭에 핀 들국화 꽃대궁에 찬서리 맺히네

창틀 틈새 끼인 땟국들이 가무잡잡하게 피네

더디게 살아보려고 낮에도 자고 밤에도 자네

몰아붙이는 세파 비켜보려 실성한 듯 나대네.

두루뭉수리하게

이슬방울 한 개도 태평양도 물은 물이다

6시에 맞춰 둔 알람이 5시 59분에 울었다

희부연 새벽 어슬렁거리며 턱하니 와 있다

실수한 밤일들이 시치미 떼려고 바득댄다

불뚝골이 욱하니 숫자 팔뚝 핏줄 불거진다

코앞의 한 치도 가늠 못하면서도 촐싹댄다

세상은 미끄럼틀이고 말이 발등을 찍는다

손녀가 사다달라는 솜사탕을 찾아 헤맨다.

풀꽃이

지상에 가장
작은 틈새를
차지한
풀들이
꽃을 피우네요

다짜고짜
내려쬐는
땡볕에도
꽃잎들은
배실배실 웃네요.

동풍 소리

홀랑 벗은 가지들이
추운 밤 내내 달달달달
이빨 딱딱 부딪도록 바람 불고
창문 입술이 벌벌벌 떨리는데도
입 못 다문다

온갖 잡생각들이 두런대다가
알밤처럼 떨어지는
토실한 추억들
소싯적
귀가 닳도록 들은
엄마의 잔소리가
알콩달콩 밤새 귓전을 때린다.

바닷가에서

바람 잘 날 없고
파도 잘 날 없고
짠내 안날 날 없더라
백사장에 다문다문 지어놓은
물새 둥지에는 노란 새 새끼들이
짹짹 짹짹짹 입을 다물지 않더라
뭉게구름들이 자맥질을 하느라고
철퍼득 철퍼득 멍석을 옮겨 깔고
수평선 너머로 두둥실이는 파도
고향 들녘에 뻗은 보리밭 같더라.

산정에 우뚝하니

우뚝한 산정에
고목이 턱 하니 서서
텃새를 부리네

바락바락 나대던
인간의 노욕이
꼬리를 내리네

시린 원경들이
주마 같은 산맥 등에
굼실굼실 파도타기하네.

하산 길

산은 치솟고 숲은 부풀더라
나무들 키가 산 보다 크더라
눈 비 몇 해 맞았는지
굽이굽이 첩첩이더라

절정으로 치닫는
숲과의 물결들이
자욱하게 치솟더라

인생 끄트머리를
손톱처럼 잘라내고
바셀린 거즈를
칭칭 동여매고 싶더라.

빵 찌기

빵이나 쪄볼까 밀가루 봉지를 열어주자

나비같이 팔랑팔랑 산지사방 날아 쌓인다

한없이 가벼운 것도 함부로 대할 일 아니더라

환상적인 너무나 환상적인 장난에 푸욱 빠진다.

밤 건너뛰기

시간을 죽쒺먹기로 한다
양 팔을 걷어 부치고
하늘에 대들고 싶다

지난 밤 무슨 꿈에 울었는지
베개 모서리가 젖었다
잠 안 잔 정념이 잡아당긴 흔적들

외로움에 장사 없다고 시끌벅적
눈물에 묻어나온 울분이
그림을 그렸다

허공이 너무 깡말라
툭 치면 쨍그랑 하고 부서질 것 같다
밤과 멱살잡이 한바탕하고 싶다.

누에의 우화

인간에 사육 당한
누에는 나방이 꿈이다
그럴라치면
비단 짜는 일은 사람의 몫이다
어둑한 밀실에서
목 빠지게 도모한 우화는
한사절단 날개를 다는 것이다

꼬물락이는 몸이
훨 훨 훨 허공으로 날 때
꿈 보다 현란한
신세계를 휘저을 수 있을 터
저편 세상으로의
승천은 목숨보다 간곡하리라.

알전구 전설

지금은 별 볼일 없지만 그땐 그랬지
두 방 벽 꼭대기에 구멍을 뚫어 놓고
알전구 하나로 양쪽 방을 밝혔더랬지
석유등잔 보단 밝아서 두 방이 환했지만
그는 책을 봐야 하고 나는 잠을 자야기에
이따금 서로 대들기도 하며 껐다 켜다 했었지
촌것들에게는 과분하기만 했었던 백열등이라
학사학위 따는데 그만한 혜택을 받은 실증이라서
고로, 신주 모시듯 서랍에 두었는데
모진 마음먹고 버리기로 작정함은
건방진 디지털시대에 앙갚음이다.

거미집

제 살 빼내어
나선형 그물을 쳐 두고
일용할 양식을 기다리는
거미는 가족 없이 혼자 살더라

비 오나 눈이 오나 바람이 부나
서두르지 않고 허공을 지키더라

평원을 질러온
무도한 댓바람들에
와르러 와르러 무너져도
구태여 집 나와 날품 팔진 않더라.

꽃 꿀맛 아시나요

바람과
봄볕이
조물락
오물락
맛있게
빚어논
달콤함
꽃술들.

낙엽을 쳐다보며

어제는
비 내렸고
오늘은
바람 불어
떨어질락
말락 하는
찰나들이
대롱대롱 해쌓는다

멀건 하늘이
부릅뜨고 지켜본다.

청춘이란 것이

고소하고
달달하게
팔딱팔딱
막 뛰다가
한 순간에
추억이 되고 만다

속수무책 당한
속절없는 세월
발가락 때만큼도
안 남고 가버린다.

봄내 나네

얼음 밑 물소리 얼음 위로 올라와
자작나무 숲길 자작자작 지나가네

코끝을 스치는
바람내에 단맛이 감돌며
잔설 녹는 소리 뽀독뽀도독 해쌓네

김치찌개용으로 꺼내 놓은
냉동두부 모서리가 촉촉 녹아내리고
선연히 밀고 들어온 창틈 햇살이
청소 끝낸 거실에 수다를 널어놓네

올라오는 냉기와 내려오는 온기가
서로 부둥켜안고 볼살을 부벼대네.

시장터 봄 길

장터 골목길에 한갓지게 쪼그리고 앉은
파파 할매 굽은 손가락이
꼬물락 꼬물락 까대는 실파 뿌리에
쾌청한 햇살들이 매달려 낭창낭창하는
나른한 대낮
뜸한 발길들이 주춤주춤 옆 눈으로 살펴보며
구경삼아 쓸쩍쓸쩍 더듬어서 지나가지만
자세히 들어보니 허기진 창자들이
꾸루룩 꾸루룩 허기증을 감추느라 진땀내고 있네
지나가는 얼굴들이
표정마다 얼굴값 하느라 작다 크다 하네.

얼어붙다

두 다리가 사다리가 된다면
하늘로 올라 갈 수 있을라나
목줄에 붙은 숨이 천 근 같다

부도덕한 사랑 같은
시를 쓰는데
눈이 내린다

외로움에도 치사량이 있어
고질병이 도질 때마다 뒤통수가 당긴다
짱돌 하나 집어 냅다 던진다.

구절초 피는 샛길

구절초
한 대궁
꽃폈다

놀아나고 싶은지
괜스레
산그리메가 팔짱을 낀다

갈바람
끼어들면서
자꾸만 깐죽거린다

씨 유 어게인—

무념에 마름질하기

한 인생 조망권에 들어 있는 세계란 고작이다.

생존의 열탕에 담구고 뭉근하게 쩜쪄먹듯 한다.

구차하게 허공을 노려보는 건 하염없는 짓이다.

달무리 다녀간 자죽들 움푹움푹 훼방을 놓는다.

바람이 거세지면서 아랫도리를 덜렁이게 한다.

물음표 같은 단풍잎 하나가 달랑달랑 해쌓는다.

어제 보단 오늘이 한결 가볍게 마름질이 된다.

3부

쓸쓸한 계절

바람이 앓는 소리다

해가 뉘엿뉘엿 한다

개울물이 반짝반짝 한다

눈시울이 자꾸 아스라한다

그리운 회억 불현듯 나타난다

그믐 밤 호롱불 간당간당 한다

가을이 한 자락 추억을 감춘다.

잔디밭에 쪼그리고

잔디는 그대로 두고 풀만 뽑는다
따스한 봄날
잔디밭에
쪼그리고 앉아 풀뿌리 뽑는데
돌부리를 붙들고 한사절단한다

알통이 부실한 팔뚝이
너스레를 떨며 비실비실
손가락을 풀리는 와중에
짱백이에 쏟아지는 볕살 따끈따끈 끓는다
인생의 한 떼기가 여한 없는 여유를 즐긴다.

옹골차게 당한 날

내가 헉헉 기어오르자
산이 허리를 낮춰준다

발목을 휘어잡는 낙엽들
더는 비울게 없어진 숲길을
어찔어찔 출렁다리 건너듯
허공을 붙들고 걷는다

아예 산을 짊어지고 내려 와서
동네 한복판에 턱하니 부려둔다

자유에는 고독이
고독에는 쉼터가 있더라.

권태

한때였지만 아치형이었다
한 자박씩 쌓아왔던 나날이었다
물에 소다 섞어 술처럼 마셨다

병풍처럼 서 있는 아파트 숲들
헛소문 버둥거리는 플래카드들
민낯을 팔고 있는 무인점포들

선불리 들이대면
큰 코 다친다는 경고문이
자자해질 무렵
고향으로 돌아가는 꿈을 꾼다

땡볕이 주저앉은 한길 복판에
엉금엉금 기어 나오는 사다리차
길쭉한 다리가 절뚝거릴 즈음

한 생을 아울러 온
독보적인 주장들이 각자도생한다.

한숨 몰아쉬기

밤이 샘물 같다
하늘이 초원 같다
별빛이 촛불 같다

대지를
디디고 선
한 그루
나무듯

지심을
빨아 올려
후류류 토한다.

추억 앨범

네
옆
나
내
앞
너

실눈뜨고
방실방실
웃어쌓는

신혼살이
흑백사진
노루무리
바래졌네.

슬픈 빗방울

방울방울

동글동글

떨어지는

빗방울

하늘에서 흘리는
아내의 눈물인가 봐!

강물도 고향 가네

강물은
비바람이
북새통치고
날씨들이 찢고 까불어도

물속에서
미꾸라지들이 물장구 치고
물 밖에서
새 떼들이 물똥 쏴 갈겨도

굽이굽이
유유자적 흐르고 돌아
홀로 목 빠지게 기다리는
안태고향 바다 품에 안기네.

가을에서 겨울로

텅텅 비워 갑니다
바람내를 맡아 봅니다

쓴내 단내 질겁들합니다
말랑말랑함들 새들새들해집니다

간 떨어지는 소리들 우수수 합니다
밤바람 서로 들쳐 메고 내달립니다

우리 집 부근에는 가로등이 없습니다
돌같이 주저앉았다가
구슬같이 데굴데굴 굴러갑니다.

바닷가 상사화

애틋하다
꽃술에
닿을 듯 말 듯
혀끝을 날름이는 파도

눈 시려 감고
귀기울여보니
마디마디
사르락사르락
꽃물 길어 올린다

애간장이
노랗게 타도록
혀끝 남실거린다.

오늘은 파스텔톤

한 뼘씩 커지는 봄볕
초록 풀내 모락모락 난다

수두룩하게 아름다워지는 숲
다 꿈결 같다

꽃들은 절창으로 피고
맘속에 떠도는 아리따움들

시간이 애였던 애시당초
알통 나오게 걷어 부친 팔뚝에
뛰어다니는 핏줄이 장밋빛이다

사월인지 오월인지 며칠인지
오늘은 파스텔톤이다

알짱거리는

그리움들이 찧고 까부는

냉가슴앓이 퍽이나 들썩들썩 한다.

꽃봉오리 앞에

몽골몽골
봉지사탕 같네

빨갛게 불 켜진
알전구 같아서

턱을 고이고
쪼그려 앉자

한청춘했던
그 시절의
심장소리가
벌렁벌렁
터지려하네.

사랑타령

마디 없는 나무는 없다
굴곡 없는 인생도 없다

풀 안 나는
땅을 황무지라 하는데
애락 없는 삶 인생 축에 들겠나

사랑을
사랑한다는 건 사랑할 일이다

눈 뜰 때 다르고
눈 붙일 때 다른 게 사랑이다

세상만사
가장 요물이 사랑이란 것이다.

참회

산뜻이
살아보려고
이 짓 저 짓
할 짓 못할 짓
온갖 짓거리 마다하지 않았다

다음 날
그 다음 날도
다시 시작했으나
목마름은 가시질 않았다
사는 날까지 계속해 살 뿐이다.

허방질하기

창밖을 내다보는데 늙은이 하나가
고개를 숙인채로 양팔을 뒷짐 지고
왼발 오른발이 헷갈릴 듯 어정어정이네요

무슨 변고를 얼마나 겪었는지
구부정한 허리를 한 번씩 쭈욱 펴는데도
큰 숨이 토해지네요

오줌 마려운지 자꾸 사타구니에 추임새 넣네요
어물쩍하는 뒤 꼴이 허물어 가는 폐광같네요

새카맣게 탄 얼굴을 한 집배원이 고물 자전거
철거덕 길가에 눕혀두고 우편물을 챙기네요

봄인데
먹구름 뭉텅이들 수월찮게 버둥거리고 있네요.

정동진에서

국방색 파도가 장판방에 담요 두르듯 두루루
퍼이면서 달려와 백사장 볼때기를 덮쳐대네
맞고 때리고 수없이 반복하는 데도 모래알들은
멍 하나 들지 않고 번들번들 허옇게 빛이 나네
배가 불룩하도록 삼킨 해류를 껴안고 달려와서
푸우푸우 토해내는 소금기가 해송 가지 사이를
비집고 달려들어
내 모가지에 터억 걸려 있는
술독을 사정없이 걷어 차 부셔버리네.

나 홀로 야경

켜 두고 잠든 티비에서는
슈베르트 '겨울나그네'가 흘러나오고
자막에 뜬 시간은 마악 0시 17분을 지난다

시베리아 설원을 어슬렁이는
백곰의 컹컹이는 소리 간헐적으로
뛰쳐나와 사대기를 친다

소등을 당한 채
적막에 묻혀있는 밤
뜬 눈으로 기다리는
새벽을 태운 전철이 차르락 차르락
가쁜 숨을 고르며 바쁘게 오고 있다.

하안거

타다닥 타다닥 탁 탁
타다닥 타다닥 탁 탁
목탁 배터지는 소리가
절 마당을 질러 숲으로 간다
염천에 앙갚음하듯 패대는
노승의 굽은 팔뚝에 휘돌리는 법당
천연덕스럽게 굽어보는 부처님

하안거를 자청한 스님의 수행에
묵직해진 자비가 사바세계에
묵언을 나눠주고 있다.

바람의 그늘

아무 것도 없음으로
무엇이 될 수 있다
바람의 그늘 같은 거

산다는 건
꼭
무엇을
해야 되는 것은 아니다

반드시
그렇지만은
않을 수도 있다.

나란히 나란히

눈이 내리네요
보슬 보슬 보슬
쌓여지면서
하얘지는
샛길

뽀도독 뽀도독
살갑게 밟아서
친구와 그리움
사랑과 외로움
설움과 기쁨을
손잡고 걷네요.

들찔레 피는 길

하늘에는
종달새 울어쌓고.
파도치는 청보리밭
까마득한 들판

그때
그 길들은

걸은 게 아니라
넘은 거

가물가물한 먼 데를
아장아장
쉬다 가다 했던 길.

제비꽃

세상
에나
요래
곱게
우째
폈노
너무
예뻐
깨물고
싶다
아이가!

새까매지다

까막눈 되어 간다
눈에 얼씬대는 게 그림인지
글씨인지 한글인지 영문인지
뭐라고 씨부려 쌓는지

식자우환이라 하더라만
철지난 아날로그 지식들
대놓고 개똥철학이란다
여름 햇살은 핏대를 올려쌓고

태블릿 피씨를
옹골차게 끌어안았는데도
텅텅 비워가는 꼴통

밤마다 재래식 꿈을 꾼다.

봄

하늘엔 별천지
대지엔 숲천지
뜨락엔 꽃천지
마음엔 꿈천지

귀신이 곡한다

신
보다
한 수 위가
귀신이란 것이다.

황홀한 착시

두 개의
태양을 보았네

뉘엿뉘엿
땅거미가 내릴 즈음
얼굴 붉은
해가
날 보란 듯
하늘에 하나
호수에 하나
두둥실 두둥실
어깨춤을 추네.

하염 없애기

봄 오는 소리들 자자하다

어잰 오성급 호텔서 먹고 자고 했고
오늘은 찬밥말이 오이지를 씹는다

내 여자 친구는 늙었고
달동네 꼭대기에 사느라고
'달아달아 밝은 달아~' 그녀의 애창곡이다

모국어가 비운 자리에
외래종 칸나꽃들이 무더기로 피고 있다
햇살 담은 바람이 열린 창을 밀고 든다

시를 쓰긴 하는데
낡은 말들에 갈아입힐 신상들이 없다.

오늘은 흐림

비
올라
하는지
하늘이
새꼬롬해진다.

달콤한 아침

꿀 같은 아침입니다
기지개켜니
단물이 뚝뚝
겨드랑이에서 떨어집니다

찌뿌둥한 몸이 쭈욱 펴집니다
햇살이 쫄래쫄래 따라 옵니다
꿀잠 깬 바람이 달리기를 하자
 벌떼처럼 달아나는 꼬리타분들
걸핏하면 헛웃음 터져 나오면서
죽으나 사나 살맛나는 아침입니다.

4부

하품

한여름
백주대낮은
나른나른 해쌓고
수시로
감기는 눈시울
걷어 올리느라
양 팔뚝
번쩍 쳐들고
입술이
째져라
토해 버리네.

강이 있는 가을 밤

사그락 사그락
억새들이 떤다

바람이 황소 울음소리 내며
엉금엉금 기어서 온다

사금파리 같은 별빛들이
쨍그랑 쨍그랑 떨어진다

빼빼하게 말라가는 풀대들
오금저리는 소리

때로는 높은 톤, 혹 낮은 톤으로
가을 밤을 앓는다.

먼지 앉는 맘

읽지 못한 책들이 쌓입니다
보내준 이들에게
미안함이 차곡차곡 포개집니다
댓닢같은 아림들이 서걱입니다

산 마주
창 하나 내놓고 동무하고 사느라
다리가 성해도 있으나마나고
마음이 꿀떡같아도 삼키고 맙니다
쓰잘 데 없는 꿈도 깨우지 않습니다!

홍시

죄
떨어지고

혼자
달린
홍시
하나

노을에
목숨 걸고
달랑
달랑 해쌓는다.

꽃가루받이

뱁새가
집배원인양
꽃님들의
사랑을 나르네

파르락이는
날갯짓으로
콕콕 찍어서

암술과 수술에게
달달한 연심들을
배달하고 있네.

포구의 새벽 풍경

갯바람이
뽀시락뽀시락 단잠에서
깨어나느데
난데없이
숭어 한 마리가 직선으로
튀어 오른다

그 시간 수평선은
갈매기 날개같이
깃발을 흔들어 쌓는다
일순, 호수가 되는 새벽 포구.

오월의 들녘

초원을 달리는 뱀이듯
구불텅 구불텅 디미는
강물

수북수북 부풀어 오르며
허옇게 벌어지는 아카시아
꽃잎

푸르다 못해
찰지게 다져지는
대지

쑥대머리 같은
햇살이 떡칠해대는
유채꽃 만발하는
들녘.

사소한 명상

어드메
세월이
가지 않는 곳 없을까

저녁밥을 굶은 자정 무렵
푹신한 고요를 깔고 앉아
허공을 올려다 보는데
쌀싸라기 같은
별빛들 휘날리듯 쏟아지네

얼른
입을 쫘악 벌리고
받아먹으려 달려드는데
날개를 터는 보푸라기들이
생난리를 쳐대네

바람의 무게를 잴 수 있다면
노벨상은 따 놓은 당상일 텐데
호사스럽게 놀아나고 싶다면
쉬지 않고 지지배배 거리는
제비족이 좋겠네

밤새 노닥거리다가
집에 가야하는데 함께 걷던
길을 놓쳐버렸네.

다림질을 하면서

빳빳해져라
확 일어서라

후줄근한
말년 인생
다시 한 번
새파랗게 날 세워라

헤벌레 입을 벌리고
팔뚝에 힘줄을 세워
사정없이 눌러 밀어서
너덜너덜한 내 인생을
다리미질하고 있다

산다는 건
쉬운 것도

어려운 것도 아님을
다리미질로 깨쳐간다.

마라톤하는 날

달려야
풀리는 직성이
차렷 자세다

툭 치면
동태처럼
내달릴 모양새다

어디쯤 갔어
몇 등수 할런지
동글동글한
동태 같은 얼굴들이
마라톤 경주를 하느라
진땀을 빼고 있는
햇살 그득한
봄날.

봄이 그린 수채화

들도 풀도 초록초록
산도 강도 초록초록
비가 와도 초록초록
바람 불어 초록초록
하늘 땅도 초록초록
가나 오나 초록초록
밤낮 없이 초록초록
몸도 맘도 초록초록

권태 속으로

바람 안에
집 한 채 지어서
동 동 동 떠다니며
살고 싶다

손가락 마디를
똑 똑
소리 나게 부러뜨린다
웃자
내가 할 수 있는 건
이 짓뿐이다.

얼굴 값

얼굴은 얼굴일지라도 값이 달라요
사람마다 천차만별 종잡을 수 없고
우락부락 까칠새침 방글생글 하고
눈 한 개 코 두 개 입 세 개일 수도
겉 다르고 속 다르고 알듯 모를 듯
그래서 얼굴값은 자기도 모르게
쓰고 달고 맵고 짜고 변덕질해요.

누가는 누구인가

누가 지켜 본다

누가 따라 온다

누가 먼저 간다

누가 돌아 본다

누가 물어 본다

누구는 누군가

누구는 나더라.

양파의 이력서

42억 1천 942억 백 원어치나
팔렸다 잖아요

양파들의 포장지에는
농대 졸업생 이력이
또박또박 적혔네요

자연이 내 친구였을 때
뿌리에 붙은 황토만으로
본적을 단박에 알 수 있었는데

양파를
왜 양파라 부르는지 아세요?

지구의 끝

지구 끝 까지 가기로 한다
물불 안 가리고 죽자 사자
들판을 달려 강을 건너고
산을 넘고 밤낮 안 가리고
바람이 불고 눈비가 와도
내 인생 한평생을 받쳐
빠지게 달려 달려갔더니
내 섰던 자리에 와있네
지구는 끝이 시작이더라.

세월의 얼굴

꽉 다문 입술이 헤벌레 벌어진다

목숨이 들락인 목구멍 비포장도로다

발목에 감긴 마음이 휘청휘청 해댄다

세상 모서리에 납작하게 붙어서 산다

점퍼를 벗고 집 나서자 칼바람이 분다

잊어버릴 것을 위하여 기억을 말린다

밟고 선 땅 발을 옮기니 길이 되더라.

노을녘에

그림자가 길쭉길쭉해진다

한 움큼의
알약 입 안에 털어 넣고
눈알을 부라리며 삼킨다

뭉근해지는 눈앞의 풍광

지그시 어금니를 깨문다
구름이 산에 박치기한다

구부러진 길 끝에 서서
휘어진 생을 스케치한다.

걷어차고 싶네

때려눕히고
싶은 게 한두 개 아니다

정수리에 내리꽂히는
햇살
건성건성 불다 말다 하는
바람
오뉴월 쇠불알처럼
축 늘어진 모과나무
가지들 사이로
질금거리는
장마

그리고
깜박 깜박해대며
늘 성가시게 하는
기억.

보리밭 길

하늘
하늘
청보리
춤추고

추억들을
주섬주섬
주워 모아
땀내 나는
겨드랑이
끼어 안고

입을
잠그고
눈알만
열어두네.

참회

한 생을 살다 보면
누군들 한 점 부끄러운 일 없겠나

하늘이 면경 같다
삶이 창피한 날은
두더지가 되고 싶다.

적막 속으로

살금살금
기어 나오는
어스름 코빼기

세상이
까맣게
적막에
쌓인다

밤이
하얗게
고요에
묻힌다.

짜라 슈트라우스가 말했다

사랑에 빠져들수록 애간장이 타고

권력이 커질수록 골통이 욱신거리고

인생은 늙어 갈수록 허욕이 많아진다

세상만사 부질없음을 깨닫기 까지는
한 평생이 걸린다

어떤 풍경도 마음의 풍치에는 못 미친다

멀리 보려 한다면 눈 등을 쓸어주어야 한다

늙은 추억은 시간 밖으로 팽개쳐야 한다.

엄마야 누나야

내 앞에 찍어준 발자국 누구 것일까
세월은 순식간에 갔지만 기억에 박힌
아름다운 일들은 지워지질 않는다

문을 열면
떡 찌는 냄새가 구수하게 달려 왔고
산벚나무 가지에 앉은 새똥 그림들

엄마야 누나야
구슬피 울어쌓던 산비둘기 합창 듣는 밤

양지바른 언덕에서 캐 온 쑥부쟁이로
털털 밀가루 묻혀 쪄준 개떡의 푸른내

외롭고 쓸쓸하고 애달플 때 마다
엄마야 누나야 그때로 가고 싶다

올 봄

진달래 만발하거들랑

엄마야 누나야

찹쌀 범벅 화전이나 부쳐주었으면—

먼 먼 먼

살을 에는 겨울밤입니다
얼어붙는 대지의 목숨
앓는 소리가 살을 엡니다

창도 벽도 송두리째 헐어내고
저들을 불러들여
품에 안고 다독여주고 싶네요

저만치서
또는,
흘러가지 못 하고 바위 몸에 얼어
붙는 냇물도 매끌매끌합니다

신이
이들을 가호해 줄 수 있다면
무지개라도 떡 하니 걸어주시지

나는
인간으로 태어나 살아간다는 게
너무 부끄럽습니다.

먼 먼 먼
과거의 기억들이 새싹 돋듯 합니다.

비雨가歌

추적추적
가을 비 온다

길 섶에 버려진 냄비 뚜껑에
투둑 투둑 떨어지는 빗방울 소리

오금이 저려 오며
머리터럭이
늦가을 갈댓잎처럼 젖는다

저 소리만큼
서글픈 소리는 우리 사는 지상에 없다.

구름을 머금은
하늘이 울먹울먹 해댄다.

바람의 얼룩

발행일 초판초쇄 2025년 11월 28일 | **지은이** 박현태 | **펴낸곳** 토담미디어 | **펴낸이** 홍순창 | **주소** 서울 종로구 돈화문로 94(와룡동) 동원빌딩 302호 | **전화** 02-2271-3335 | **팩스** 0505-365-7845 | **이메일** chalkack@gmail.com | **출판등록** 제300-2013-111호(2003년 8월 23일)
ISBN 979-11-6249-168-3 | 이 책의 국립중앙도서관 출판예정도서목록(CIP)은 서지정보유통지원시스템 홈페이지(http://seoji.nl.go.kr)에서 이용하실 수 있습니다. | Copyright ⓒ2025 박현태 | 저작권자와의 협의에 따라 인지는 생략하였습니다. 이 책은 저작권자와 토담미디어의 독점계약에 의해 출간되었으므로 무단전재와 무단복제를 금합니다. 잘못 만들어진 책은 구입하신 서점에서 바꿔드립니다. 정가는 뒤표지에 있습니다.

책 놀이터 **토담미디어** www.todammedia.com